孔子学院适用教材·文化读本系列

Chinese Culture Reader Series for Confucius Institutes

程爱民　主编

英文审校　David Holm　David Honey　Sarah Dauncey

QUOTATIONS FROM MENCIUS

孟子名言精选

王天星　贺大卫　编译

上海外语教育出版社

外教社 SHANGHAI FOREIGN LANGUAGE EDUCATION PRESS

编写说明

为进一步满足国外汉语学习者的不同需求，为各中文教学机构，尤其是新近成立的 200 多所孔子学院提供更加丰富的教学材料，南京大学海外教育学院编写了一套针对英语国家汉语学习者的教材与读本，分语言和文化两个系列，定名为《孔子学院适用教材》，由北京语言大学出版社和上海外语教育出版社分别出版。

《孔子学院适用教材·文化读本系列》（共 12 本）的使用对象为国外汉语初学者，总体思路是选取孔子、孟子、老子、庄子等古代思想家、教育家的名言以及中国成语故事、神话故事、寓言故事、历史人物故事、唐诗名句、中华箴言等，做成口袋书，每册 150 页左右；内容由原文、拼音、今译、英译、解析、问题、必要的注释及插图等几部分组成。

这套文化读本系列的编写目的主要有两点：一、帮助国外汉语初学者了解这些名人的思想或重要观点，了解中国传统文化的精髓，进而传播和弘扬科学的、美好的思想和精神；二、丰富国外汉语教学入门阶段的教学内容。这套小丛书内容深刻而又实用，但需要指出的是，这些名言佳句主要是根据国外汉语初学者的学习特点和需要辑录的，并不代表某一名人或某一名篇的全部思想精神，请在学习时加以注意。

　　这套教材在编写过程中得到了澳大利亚墨尔本大学（University of Melbourne）中文系和孔子学院、英国谢菲尔德大学（University of Sheffield）东亚学院和孔子学院、加拿大滑铁卢大学（University of Waterloo）孔子学院、美国亚特兰大孔子学院、杨百翰大学（Brigham Young University）等单位的支持和协助。墨尔本大学孔子学院院长、中文系主任 David Holm 教授，美国杨百翰大学 David Honey 教授，英国谢菲尔德大学孔子学院副院长 Sarah Dauncey 博士在百忙之中审阅英文译稿。加拿大滑铁卢大学孔子学院院长李彦教授、中方院长唐建清教授，美国亚特兰大孔子学院院长、艾美瑞大学（Emory University）蔡蓉教授等也提出了很好的建议，在此一并致谢。

编　者

2008年3月于南京大学

Editors' Note

With the prospect of more and more people learning Chinese in their home countries, the need has arisen for new and more interesting Chinese teaching materials in institutes outside China that provide education in the Chinese language and culture, especially in over 200 Confucius Institutes that have been founded recently in different parts of the world. We are proud to present *Textbooks for Confucius Institutes*, compiled by the Institute for International Students, Nanjing University, and published separately by the Beijing Language and Culture University Press and the Shanghai Foreign Language Education Press.

Chinese Culture Reader Series for Confucius Institutes, a set of twelve 150-page pocketbooks, introduce some basic facts about Chinese culture, such as ancient philosophical aphorisms, idioms, myths, fables, historical anecdotes, poems and proverbs, for foreign learners of Chinese. Each entry is comprised of a Chinese text in the original, a pinyin, a contemporary Chinese version, an English translation, explanations, questions, notes (if necessary) and illustrations.

This set aims to help foreign learners of Chinese to acquire a better understanding of Chinese culture by getting them acquainted with traditional Chinese wisdom that, as we see it, still makes sense in the contemporary context. Meanwhile, this set also provides beginner-level Chinese reading materials, including pieces that we believe to be useful and interesting. However, it should be pointed out that the excerpts in the entries are used principally for the purpose of helping the users learn some Chinese and may fall short as vehicles of the original ideas of the authors.

In compiling this set of books, we have been given whole-hearted support by the Department of Chinese and the Confucius Institute at the University of Melbourne, Australia; the East Asia School and the Confucius Institute at the University of Sheffield, Britain; the Confucius Institute at the University of Waterloo, Canada; the Confucius Institute in Atlanta, and Brigham Young University, U.S.A. We would also like to express our gratitude to Prof. David Holm, Director of the Confucius Institute and Dean of the Department of Chinese at the University of Melbourne, Prof. David Honey of Brigham Young University, and Dr. Sarah Dauncey, Deputy Director of the Confucius Institute at the University of Sheffield, for their help in revising the English translations, and to Prof. Li Yan, Director of the Confucius Institute at the University of Waterloo, Prof. Tang Jianqing, Deputy Director of the Confucius Institute at the University of Waterloo, and Prof. Cai Rong, at Emory University and Director of the Confucius Institute in Atlanta, for their valuable suggestions.

The Editors
Nanjing University, China
March 2008

孟子

　　孟子(约公元前372年—公元前289年)，名轲，字子舆，邹(今山东邹县)人。战国时期伟大的思想家、教育家，先秦儒家的主要代表之一，曾受业于子思(孔子之孙)的学生。他倡导"仁政"、"王道"，提出"民为贵"的民本思想，曾仿效孔子带领门徒游说各国诸侯，企图推行自己的政治主张，但不能为世所用。孟子有"亚圣"之称，与孔子并称"孔孟"。其著作《孟子》在后世被列为儒家经典。

Mencius

Mencius (circa 372-289 BC) was a great philosopher in the Warring States Period (475-221 BC) and a key figure in Confucianism. Born in today's Zouxian, Shandong Province, he had been tutored by a disciple of Confucius' grandson. Mencius believed the people to be more important than the monarch and advocated his ideas about the benevolent and generous administration of a state during his travels in various states of his time, but without much success. Mencius has been respected as the Second Greatest Sage because his studies and interpretations of Confucianism, as recorded in the classic *Mencius*, are generally considered the orthodoxy in later generations.

孟子名言精选

世理

Philosophy about the World

1.

tiān shí bù rú dì lì, dì lì bù rú rén hé.
天时不如地利，地利不如人和。

今译：良好的时间条件不如有利的地理形势，有利的地理形势不如人心团结。

英译： Favorable weather is less important than advantageous terrain, and advantageous terrain is less important than harmonious human relations.

解析：孟子提出成败三要素："天时、地利、人和"，其中，"人和"是最重要的因素。任何一方，如果人心所向、上下团结，必将取得胜利。政权统治的稳固、企业经营的成功、赛事战事的胜利等等，都需要依靠这三个要素的实现，而人的因素是关键。我们也常用"天地人和"来说明拥有了成功三要素。

问题：①孟子提出的成功三要素"天时、地利、人和"中，你认为最重要的因素是哪一个？为什么？
②请举例谈谈，在什么情况下，某人或某团队因为拥有了三要素而获得了成功？

孟子名言精选

2.

dé dào zhě duō zhù, shī dào zhě guǎ zhù.
得道者多助，失道者寡助。

今译： 正义一方获得更多支持，非正义一方缺少支持。

英译： The side with justice wins more support, and the side without justice is short of support.

解析： 人与人之间、集团与集团之间、国与国之间、民族与民族之间在正义与非正义的较量中，正义一方将在舆论和物质方面获得更多支持，从而可能占据主动，打败非正义一方。我们也常说"邪不压正"。

问题： ①在某些情况下，为什么失道的大国集团最终能如愿以偿？
②在我们这个信息时代，谁以怎样的方式还在为正义战斗？

3.

shēng yú yōu huàn, ér sǐ yú ān lè yě.
生于忧患，而死于安乐也。

今译：因忧患而生存，因安乐而死亡。

英译：Live in hardship and die in comfort.

解析：一个人、一个国家、一个民族甚至整个人类能够生存发展是因为心怀远虑，如果贪图享乐，必将导致衰败、毁灭。我们生活在物竞天择、激烈竞争的世界中，不进则退。对于个人来说是职场竞赛，对于企业来说是市场争夺，对于国家来说是国际竞争，生存还是毁灭，取决于能否居安思危。

问题：①在某些地区，比如太平洋小岛国，人们安乐生活，并没有导致毁灭的结果，你怎么看？
②从自己民族的历史来谈谈你对"生于忧患，死于安乐"的认识。

孟子名言精选

4.

huò fú wú bù zì jǐ qiú zhī zhě.
祸福无不自己求之者。

今译： 灾祸或福气都是自找的。

英译： Misfortune or good luck is what one earns with his own conduct.

解析： 个人生活的幸与不幸都是由他自己决定的。外界客观因素需要通过个人的取舍、选择、感知才能产生作用。"性格决定命运"也就是这个道理。

问题： ①你认同"祸福无不自己求之者"这个说法吗？为什么？
②从你个人的因素出发，谈谈曾经的福祸经历。

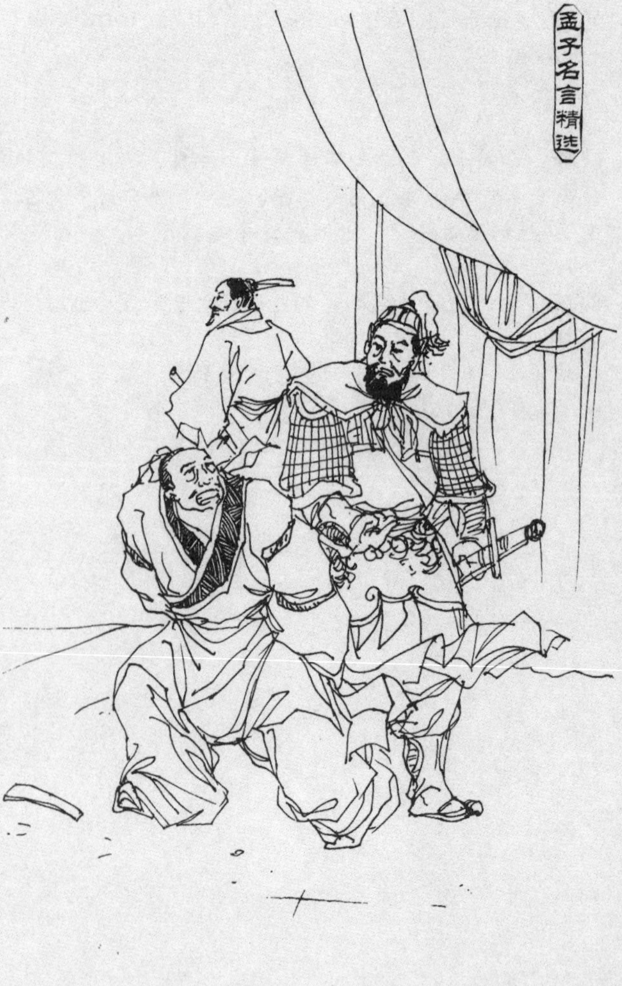
孟子名言精选

5.

jiè zhī jiè zhī! chū hū ěr zhě, fǎn hū ěr zhě yě.

戒之戒之！出乎尔者，反乎尔者也。

今译： 注意注意！你怎样对待别人，你就会得到怎样的回报。

英译： Caution! You'll get back what you do to others.

解析： 中国俗话说 "善有善报，恶有恶报，不是不报，时候未到"，正是孟子此语的俗解。人与人之间，国与国之间，付出与得到是对等的，也是合情合理的。因此，善待他人、他国就是善待自己，也容易建立一个和谐世界。

问题： ①谈谈你对 "以德报怨"、"以怨报德" 的看法。②你相信 "因果报应" 吗？为什么？

孟子名言精选

6.

rén yǒu bù wéi yě, ér hòu kě yǐ yǒu wéi.
人有不为也，而后可以有为。

今译：人要有所不为，才能有所为。

英译：Only if one chooses not to do something can he do more and better.

解析："不为"与"有为"是两个相对的概念，取决于个人的权衡与取舍。个人根据自身的判断和处世原则，有所不为，经过忍耐和等待，才有机会赢得更大的发展空间，从而有所作为。

问题：①孟子的"有不为而后可以有为"的观点与现代人常说的"抓住每一个机会"的思想矛盾吗？为什么？②你认为孟子所谓的"不为"指的是什么？

孟子名言精选

7.

quán ér hòu zhī qīng zhòng, duó rán hòu zhī cháng duǎn.
权而后知轻重，度然后知长短。

今译： 称过后才知道轻重，量过后才知道长短。

英译： One weighs a thing and then knows its weight; one measures it and then knows its length.

解析： 对于陌生的或者新生的事物，只有亲历亲为、经过调查研究之后才有发言权，才能认识事物的发展规律。对未知不作探求，缺乏实践经验，就无法获得正确的结论。

问题： ①在我们这个信息如海的时代，经过"称"和"量"之后的结果一定是正确的吗？我们能够获得不带偏见的结果吗？为什么？
②电子信息时代存在虚拟世界，虚拟世界中的实践有助于我们对未知的认识吗？为什么？

孟子名言精选

8.

qí jìn ruì zhě, qí tuì sù.
其进锐者，其退速。

今译： 前进太猛的人，后退也会快。

英译： One who advances too fast will fall back rapidly.

解析： 与匀速或慢速发展者相比，锐进者在前进过程中无暇顾及可持续发展的问题，忽视自身的储备，提前消耗了过多的能量与资源，造成后劲不足，被迅速赶超，形成倒退。

问题： ①请从一个人的人生发展轨迹，谈谈这个道理。②中国的经济正处在迅猛发展时期，将来会不会出现"退速"的局面呢？如何避免这种局面的发生？

9.

yǒu bù yú zhī yù, yǒu qiú quán zhī huǐ.
有不虞之誉，有求全之毁。

今译：有意料不到的赞誉，也有求全责备的诋毁。

英译：There is unexpected praise, and there is also denouncement for being imperfect.

解析：孟子认为人事难料。从外界、他人那里得到的，无论是赞誉还是诋毁，都在一定程度上存在着不可预知性。对此可以有两种做法：或者是改变、掩饰自己，从而尽力迎合外界舆论、他人看法；或者是努力做到宠辱不惊，"走自己的路，让别人去说吧"。

问题：①什么人容易受到赞誉或诋毁的重大影响？
②对于外界、他人的评价，你觉得应该采取怎样的态度？为什么？

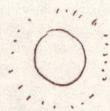

10.

bù yǐ guī jǔ, bù néng chéng fāng yuán.
不以规矩，不能成方圆。

今译： 不用规和矩这两种标准工具，就不能画出标准的方圆。

英译： It's impossible to draw standard squares and circles without compasses and carpenter's square. (Things can't be done without rules.)

解析： 孟子提出规矩和标准的重要性。社会存在规则与标准，人们的行为处世有所参照，才能有序合理地进行。一个人需要规矩的约束，一个国家也需要建立标准来保证国家正常良好的运作。

问题： ①孟子的这个观点与培养创新精神相矛盾吗？为什么？
②这个观点和"循规蹈矩"是一样的意思吗？为什么？
③当代社会呈现多元化，突出个性，还需要标准吗？如何确立标准？

孟子名言精选

11.

dà jiàng bú wèi zhuō gōng gǎi fèi shéng mò,
大匠不为拙工改废绳墨,
yì bú wèi zhuō shè biàn qí gòu lù.
羿不为拙射变其彀率。

今译: 好木匠不会因为笨拙的徒工而改变或放弃绳墨工具, 后羿不会因为笨拙的射手而改变张弓的标准。

英译: A great carpenter will not throw away his line marker for the sake of the clumsy workers. The great archer Yi will not change his standards of drawing the bow for the sake of the clumsy bowmen.

解析: 造诣深厚的人不会因为随波逐流而放弃自己的行为准则。对他们来说, 行为准则是贯穿始终的, 是取得成功的必备条件, 而且可以帮助他们精益求精。轻易放弃行为准则的人, 不可能像技艺高超的巧匠或箭术绝妙的后羿一样获得大成就。

问题: ①坚持行为准则的人会不会让别人觉得顽固不化、不近人情? 为什么?
②坚持行为准则和处事灵活多变是对立的吗? 为什么?

孟子名言精选

12.

wú héng chǎn, yīn wú héng xīn.
无恒产，因无恒心。

今译：没有稳定的财产收入，也就没有牢固的道德操守。

英译：If one has no stable property, he will have no persistent morality.

解析：这是孟子的唯物主义观点，对人来说，物质决定精神。一个人如果缺乏稳定的物质基础(具体表现为固定的财产收入)，那么他就不可能保持恒心，具有固定的道德操守。

问题：①你认同这个物质决定精神的观点吗？以自己的经验来说明。
②请谈谈无产者有没有固定的道德操守。

佛

13.

wéi fù bù rén yǐ, wéi rén bú fù yǐ.

为富不仁矣，为仁不富矣。

今译： 发财致富就不可能仁爱，仁爱就不会发财。

英译： One whose aim is wealth can't be benevolent; one whose aim is benevolence can't be wealthy.

解析： 发财致富的终极结果是财富完全归个人所有，而不是分发给众人，因此谈不上仁爱；仁者爱人，无视财富的重要，因此不会拥有财富。商业社会的致富手段多表现为竞争、欺诈、垄断及市场争夺。商人在中国的传统观念里，常被认为是奸诈之徒，俗称"无商不奸"。在这个意义上，富与仁是对立的。

问题： ①有些富人在积累财富的同时，热衷慈善事业，他们是不是仁爱？请谈谈这种现象。
②当代社会，一些宗教机构，诸如中国的寺院、西方的教堂，都是以仁爱为出发点的。同时，他们也在以宗教的名义聚财，请谈谈这个现象。

孟子名言精选

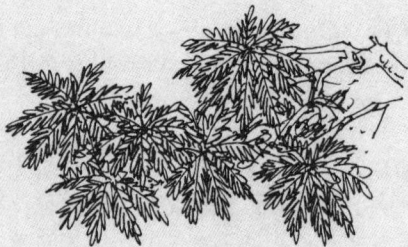

14.

wǔ shí bù xiào bǎi bù.
五十步笑百步。

今译： 逃跑了五十步的人讥笑逃跑了一百步的人胆怯。

英译： In retreat, those who ran away fifty steps sneer at those who ran away a hundred steps.

解析： 在逃跑中，你跑了 50 步就嘲笑那些逃跑了 100 步的人，说他们胆怯，这是可笑的。都是胆怯、逃跑、落后、失败等负面的状态，尽管有程度的差异，但是性质都是一样的。所以，彼此之间的嘲笑是没有裨益的。一个人、一个人群、一个国家或者一个民族都是如此。

问题： ①人们为什么会有"五十步笑百步"的行为？
②处于负面状态的程度差异有没有意义？为什么？

15.

tiān xià zhī bú zhù miáo zhǎng zhě guǎ yǐ!
天下之不助苗长者寡矣!

今译: 天下不拔苗助长的人真少啊!

英译: There are few in the world who do not try to help the rice grow by pulling them upwards. (This is a criticism to the people who spoil things by excessive enthusiasm.)

解析: 在世界上，急于求成的人不在少数。他们都干过拔苗助长的傻事，对于事物的发展不仅起不到有益的作用，反而会产生破坏性的、毁灭性的影响。事物的成长与发展应该顺其自然，欲速则不达。对于孩子的培养也应如此。

问题: ①拔苗助长的人是不是缺少头脑的人? 他们有没有意识到后果? 他们的最终目的是什么?
②从自己的经验来谈谈拔苗助长的问题。

16.

yǐ ruò suǒ wéi, qiú ruò suǒ yù, yóu yuán mù ér qiú yú yě.
以若所为，求若所欲，犹缘木而求鱼也。

今译：以这样的行为，要求达到这样的目的，譬如爬上树木寻求活鱼。

英译：To achieve a goal with misled efforts is no less out of place than climbing a tree to look for fish.

解析：孟子用"缘木求鱼"的形象比喻，指出因为方式方法的错误不可能达到目的，因而强调正确方法的重要性。治国、治学、政治、经济、文化、生活，大到国家事务，小到个人行为，只有采取了正确的方法，才能获得满意的结果。

问题：①以自己的亲身经历谈谈正确方法的重要性。
②从国与国之间关系的角度，举一个"缘木求鱼"的失败外交的例子。
③请用此观点来分析强权政治所造成的文化冲突及军事冲突。

孟子名言精选

17.

bù chuǎi qí běn ér qí qí mò,
不揣其本而齐其末,
fāng cùn zhī mù, kě shǐ gāo yú cén lóu.
方寸之木，可使高于岑楼。

今译: 在丈量时，不对齐两者的下端，只比较两者上端的高低，那么方寸的木头也可以比尖顶的高楼还高。

英译: If one makes measurements by the top but not from the bottom, an inch of wood can be higher than a tall building.

解析: 衡量与比照时，需要从根本与本质上进行，才能获得有效的结果，否则就会得出错误的结论。对于人和事物的观察、比较都应该抓住根本，不能只看浮在表面的现象，不能以偏概全。

问题: ①请反省一下，你对于朋友们的评价存在孟子所说的问题吗？
②当今社会多浮夸的自我表现，我们能做到透过现象看本质吗？为什么？

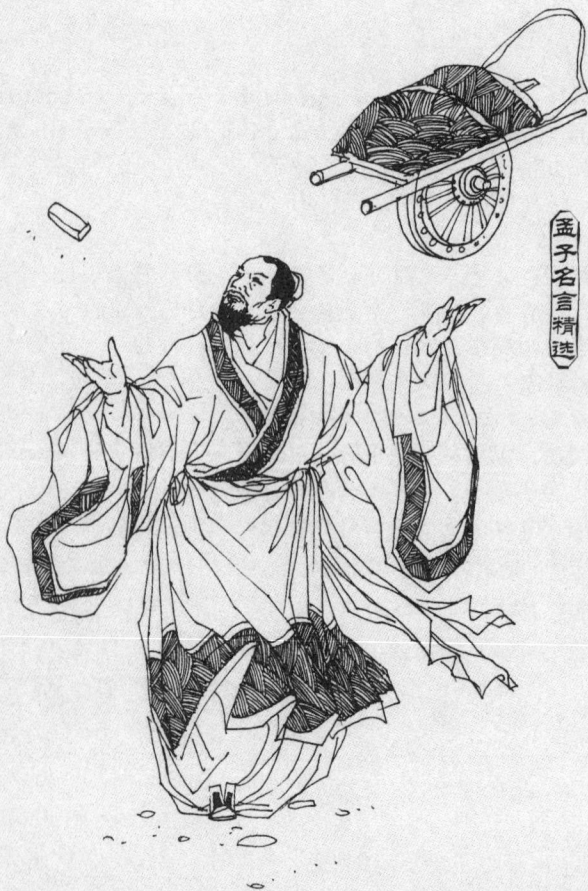

18.

jīn zhòng yú yǔ zhě, qǐ wèi yì gōu jīn yǔ yì yú yǔ zhī wèi zāi?
金重于羽者，岂谓一钩金与一舆羽之谓哉？

今译：金属比羽毛重，难道是指一个金属衣带钩比一整车的羽毛还重吗？

英译：Gold is heavier than feathers. Does it mean that a gold hook is heavier than a whole cart of feathers?

解析：金属的密度比羽毛大，在相同体积下，金属比羽毛重，这是由它的物理性质决定的。但如果体积不同，两者孰轻孰重就难说了。我们对任何人、任何事物的判断与评价应尽量全面，片面强调某一方面，就会陷入误区，得出错误的结论。

问题：①人们在作判断和评价时，通常会受到各种连带信息的干扰，无法获得真理。你怎么看？
②金属比羽毛重，实际上是有条件的，在不同的时空条件下，结论是存在差异的。你认为判断和评价过程中，是应该强调本质还是强调附加条件？

19

19.

guān yú hǎi zhě nán wéi shuǐ,
观于海者难为水,
yóu yú shèng rén zhī mén zhě nán wéi yán.
游于圣人之门者难为言。

今译：对于看过大海的人来说，别的水就很难吸引他了；对于那些曾到圣人门下学习过的人来说，别的言论就很难吸引他了。

英译：One who has seen the sea can't be easily attracted by other bodies of water; one who has studied under a sage are not easily attracted by other speeches.

解析：孔子登上东山往下看，觉得鲁国很小，等到他登上更高的泰山，他觉得整个天下都显得特别小。随着一个人的经历越来越丰富，他的视野越来越开阔，他的认识水平也就越来越高，他对眼前的人、事的认识当然也就与众人不同，也与过去的他不同。

问题：①比较之后觉得惭愧是普通人的通常情况。中国人常用"比上不足，比下有余"来安慰、鼓励自己，在你的国家，有怎样的说法？
②大海、圣人都是难以企及的，卑微者应该怎样做才能不负此生呢？

20.

xíng zhī ér bú zhù yān, xí yǐ ér bù chá yān,
行之而不著焉，习矣而不察焉，
zhōng shēn yóu zhī ér bù zhī qí dào yě, zhòng yě.
终身由之而不知其道也，众也。

今译：做了某事却不明白为什么这样做，习惯了某种情况却不去了解其原因，终身顺应某个规律来生活却不知其中的规律是什么，大众通常如此。

英译：There are a great many who never understand what they constantly do, never enquire into the situation they get used to, and consequently never in their whole lives become aware of the principles they live with.

解析：孟子指出大多数人的人生状态表现为浑浑噩噩、不明就里、习以为常，缺乏执着和探索的精神。他们因而难以成就大业。这就是芸芸众生与精英、圣人之间的差别。

问题：①请反思一下自己是不是属于这大多数里的一个。谈谈想法。
②你愿意成为"大众"还是"精英"，为什么？

21.

xián zhě yǐ qí zhāo zhāo shǐ rén zhāo zhāo,
贤者以其昭昭使人昭昭，
jīn yǐ qí hūn hūn shǐ rén zhāo zhāo.
今以其昏昏使人昭昭。

今译：贤人先做到自己明白，然后使别人明白；今天的人是自己都没明白，却想使别人明白。

英译：A virtuous person tries to make others understand what he has known clearly. But nowadays some people try to make others understand what they themselves haven't figured out.

解析：孟子批评今天的人没有经过深入研究探索，尚未透悟事理，就自以为是地去教导别人，结果乱人视听、贻误众生。这与贤人的做法完全相悖。

问题：①当今的人有些自我膨胀，喜欢宣扬并教导他人。请问原因是什么？
②人都有发言权，进行表达、设想及议论。是否一定要把事物弄得水落石出之后才能发言？为什么？

22.

dào zài ěr ér qiú zhū yuǎn, shì zài yì ér qiú zhū nán.
道在迩而求诸远，事在易而求诸难。

今译：很近的路，却要远求；很容易的事，却要往难处去做。

英译：One takes a long way while there is a shortcut. One makes simple things difficult.

解析：孟子在此批评舍近求远、使事情复杂化的做法。很容易完成的事情却绕大弯子，作不必要的浪费。因为不知情、不了解，或者多虑、苛求，或者处事的行为风格如此，有些人处理问题不是寻求正常、精当的方式，却要将事物繁琐化、困难化，反而不利于问题的解决。

问题：①你有没有将事情复杂化的经历，原因是什么？②你觉得有没有需要复杂化处理的问题，比如哪些？

孟子名言精选

23.

tiān zhī shēng cǐ mín yě,
天之生此民也,
shǐ xiān zhī jué hòu zhī,
使先知觉后知,
shǐ xiān jué jué hòu jué yě.
使先觉觉后觉也。

今译： 天地间生出众人，总是先知先觉的人教育后知后觉的人。

英译： Heaven, in producing the people, has given to those who first attain understanding the duty of awakening those who are slow to understand; and to those who first awaken the duty of awakening those who are slow to awaken.

解析： 人类在天地间生存，能够繁衍、发展、进化、走向文明，必然是将获得的经验、知识、思想、精神在人与人之间传授，而且代代传承下去。教育是人类文明保持历久不衰的重要途径。

问题： 请谈谈教育对人类文明进步的作用。

24.

yǔ zhī zhì shuǐ, shuǐ zhī dào yě; shì gù yǔ yǐ sì hǎi wéi hè.
禹之治水，水之道也；是故禹以四海为壑。

今译： 大禹治水，遵循水往下流的规律，运用疏导的方法，所以大禹以四海作为容纳水的地方。

英译： In dealing with floods, Great Yu followed the natural way of water flowing downwards. Hence he drained the floods into the Four Seas.

解析： 孟子在此提出一个解决问题的良好方法：疏导。面对自然界或非自然的强大力量，以及具有自身发展规律的人或事物，硬性的阻挡和个人意志的强迫都无济于事，顺应趋势的疏导和宽宏大量的包容才是最有效的方法。疏导是顺其自然和主观意志契合的最佳方式。

问题： ①你有没有运用过疏导的方法？怎样运用的？
②别人有没有对你运用过疏导的方法？是谁？怎样运用的？

25.

yǒu wéi zhě pì ruò jué jǐng,
有为者辟若掘井，
jué jǐng jiǔ rèn, ér bù jí quán,
掘井九轫，而不及泉，
yóu wéi qì jǐng yě.
犹为弃井也。

今译：人要有所作为就不应半途而废，好比挖井，挖井相当深却不及泉水，如果这时放弃就成了废井。

英译：Trying to achieve success is like digging a well. One digs a well rather deep but couldn't reach the spring. But if one abandons this well, all his previous efforts are wasted.

解析：孟子以掘井的比喻指出，如果希望有所作为，一定要有始有终，决不可放弃努力、半途而废。应该不达目的誓不罢休。

问题：①这句话对你有怎样的激励作用？
②很多事情不总是能实现目标、获得结果的，现代人提出"享受过程"而不只是"享受结果"。你怎么看待"过程"与"结果"？

26.

zī zhī shēn, zé qǔ zhī zuǒ yòu féng qí yuán.
资之深，则取之左右逢其原。

今译：积累深，就能取用不完，左右逢源。

英译：One can obtain water from any side if there is deep resource. (It means one could achieve success one way or another if he gets a sound accumulation of knowledge.)

解析：孟子指出日积月累、持之以恒的重要性。这种积累不仅是物质材料、知识学问，还可以是人际关系、办事渠道。积累深厚，就具有了充分的资源，遇事顺畅，问题也迎刃而解。常用"左右逢源"比喻做事得心应手或办事圆滑。

问题：①谈谈日积月累的重要性。
②谈谈你的某个日积月累的经验。

27.

shān jìng zhī xī jiàn, jiè rán yòng zhī ér chéng lù;
山径之蹊间，介然用之而成路；
wéi jiàn bú yòng, zé máo sè zhī yǐ.
为间不用，则茅塞之矣。

今译： 山中小径，因为经常使用就形成了路；如果短时间不用，就会被茅草堵塞。

英译： A trail through the mountains, if used often, becomes a path gradually; however, if it's not walked on for a while, weeds will block it up.

解析： 事物的形成与存在是反复作用的结果，一旦不再施以作用，就会荒疏以至消失。因此，身体功能需要经常锻炼，否则就会退化；知识需要温习，否则就会遗忘；感情、关系需要时常沟通，否则就会生疏。中国俗语"拳不离手，曲不离口"，不断使用、练习，才能保证良好的状态。

问题： ①从孟子所说的"山径之蹊"，你有怎样的联想？②从"用"与"不用"的选择，举例谈谈事物形成与消失的必然性。

修身
Cultivation of Morality

28.

yǎng xīn mò shàn yú guǎ yù.
养心莫善于寡欲。

今译：修养身心的最好办法是减少欲望。

英译：There is no better way to cultivate the mind than to moderate one's desires.

解析：欲望是一切罪恶的根源。中国传统观念认为，欲望由心而生，它引发争斗、掠夺、战争、阴谋……过多的欲望是沉重的负担，纵欲则身心受损。平和的人生需要减少欲望，清心寡欲。

问题：①年轻人很难做到清心寡欲，为什么？
②从另一方面来说，欲望也是发展的动力，你怎么看？

29.

shēng, yì wǒ suǒ yù yě;
生，亦我所欲也；
yì, yì wǒ suǒ yù yě;
义，亦我所欲也；
èr zhě bù kě dé jiān, shě shēng ér qǔ yì zhě yě.
二者不可得兼，舍生而取义者也。

今译：生命是我所想要的，正义也是我所想要的；二者不可全得，舍弃生命而取正义。

英译：Life is what I want and justice is also what I want. If I couldn't have both, I would give up my life and choose justice.

解析：对于人来说，生命可贵，但相比之下，精神与道德的力量更伟大、更崇高。失去精神与道德的民族犹如失去灵魂的行尸走肉。为了正义、为了理想，很多具有崇高精神和高尚品德的人都倾向选择"舍生取义"。

问题：①请讲述一个"舍生取义"的故事。
②在当今社会，"舍生取义"是怎样的内涵？

30.

fēi rén wú wéi yě, fēi lǐ wú xíng yě.
非仁无为也，非礼无行也。

今译： 不做不仁的事，不做无礼的事。

英译： Never do things that are not benevolent; never act against the rites.

解析： 在中国传统道德观中，讲求"仁、义、礼、智、信"，"仁"和"礼"是重要组成部分。"仁"就是仁爱、慈善，"礼"就是礼数、敬意。"不仁"、"无礼"是被中国传统道德所排斥和谴责的，因为不利于培养良好的道德品质和人际关系，不利于建立一个文明有序的社会。

问题： ①有些人认为，现代人丢失了"仁"和"礼"的优良传统，变得富有进攻性、竞争性，无礼而粗鲁，你怎么看待这个问题？
②中国传统观念中的"仁"和"礼"在今天还有没有意义？

31.

rén zé róng, bù rén zé rǔ.

仁则荣，不仁则辱。

今译： 仁就光荣，不仁就耻辱。

英译： Benevolence brings on honor; malevolence brings on shame.

解析： "仁"是孟子道德观中一个相当重要的内容。他提倡仁爱，与人为善，这样，个人可以达到很高的道德修养水平，人与人之间关系和睦，整个社会也充满温情。君王实施仁政，人民安居乐业，国家稳定发展。

问题： ①谈谈你对孟子所说的"仁"的认识。
②谈谈"仁"在当今社会的作用。

孟子名言精选

32.

rén jiē yǒu suǒ bù rěn, dá zhī yú qí suǒ rěn, rén yě.
人皆有所不忍，达之于其所忍，仁也。

今译：人都有所爱怜，将爱怜之意延伸到外人身上，这就是仁。

英译：For every one there are things they cannot bear. To extend this sentiment to what they can bear is benevolence. (In other words, everyone has his beloved. If one loves others the same as he does his beloved, that is benevolence.)

解析："仁"是孟子思想的一个重要组成部分。自上而下，君王实行仁政，世间通行仁爱，将形成一个和谐社会。仁的含义，换句话说，就是博爱。推己及人，将自觉的爱播及众人。

问题：①多有政治家、革命家、人民运动领导者倡导"博爱"，他们是不是受到了孟子的影响？你的看法是什么？②在孟子所处的时代，孟子提出"仁"的观点，你认为是不是一种进步？对当时的社会有没有意义？

孟子名言精选

74

33.

rén jiē yǒu suǒ bù wéi, dá zhī yú qí suǒ wéi, yì yě.

人皆有所不为，达之于其所为，义也。

今译： 每个人都有选择不做的事，将这种克制延伸到他的行为处事中，这就是义。

英译： Everyone has something they are not willing to do. To extend this sentiment to what they are willing to do is righteousness.

解析： "义"是孟子道德思想的一个重要组成部分。按照道德规范进行自我约束与控制的良好行为就是"义"行。"正义"、"义不容辞"、"义气"、"仗义"包含着"义"的内容，讲的都是合乎道德，甚至自我牺牲。

问题： ①请举出一些义行，说明你对"义"的理解。
②现代人多注重自我，你认为"义"在现代社会中是不是丢失了？

34.

rén bù kě yǐ wú chǐ.
人不可以无耻。

今译： 人不可以不知羞耻。

英译： One must not be without shame.

解析： 孟子是道义的捍卫者。西方《圣经》中，自从亚当、夏娃偷吃了禁果后，人类就知道了羞耻二字。羞耻感对于人来说事关重大，但并不是与生俱来的，它是社会道德规范形成之后的产物。换句话说，羞耻感是精神上的罪恶感。人为什么会不知羞耻？是为了获取利益、权势、财富，为实现欲望而不择手段。

问题： ①对于一个无耻的人，我们可以用怎样的话来斥责他？
②羞耻感包含哪些方面的内容？

孟子名言精选

35.

jūn zǐ yǒu bú zhàn, zhàn bì shèng yǐ.
君子有不战，战必胜矣。

今译：坚持正义的君子，要么不战，战就必胜。

英译：A gentleman does not resort to war, unless he is sure of victory.

解析：中国传统中，品德高尚的人被称为君子，又常说"正人君子"。这样在道德上领先、坚持正义的人与对手、敌手相逢，必定战无不胜。这体现了孟子的道德决定论观点。

问题：你赞同孟子的道德决定论吗？为什么？

孟子名言精选

36.

jūn zǐ mò dà hū yǔ rén wéi shàn.
君子莫大乎与人为善。

今译： 君子认为帮助别人学好，这是最高尚的德行。

英译： A gentleman considers it the noblest virtue to help others do good.

解析： 道德规范着人。一个具有道德感的人帮助别人走正道，做好事，与人为善，没有比这更高尚的行为了。孟子认为君子是社会的典范，引领社会的道德进步。

问题： ①谈谈"与人为善"的作用。
②解剖一下自己的行为，寻找和"与人为善"的差距。

孟子名言精选

37.

qióng zé dú shàn qí shēn, dá zé jiān jì tiān xià.
穷则独善其身，达则兼济天下。

今译：穷困时加强自身修养，显达时更要帮助天下。

英译：In obscurity one goes in for self-cultivation, but in prominence he commits himself to the development of his country as well.

解析：古往今来，人们都在探求生存的意义与价值。孟子给出的答案是：处于穷困时，个人进行自身修养、自我完善；处于显达的位置时，除了个体的完善，为整个世界、整个人类作出贡献同样是应尽的责任。这个观点对于今天的人来说，依然有重要意义和启发。

问题：①你认为人生存的意义与价值在哪里？
②很多人，穷困时往往变得潦倒，显达时往往得意忘形，这是能够改变的吗？为什么？

38.

fù guì bù néng yín, pín jiàn bù néng yí, wēi wǔ bù néng qū:
富贵不能淫，贫贱不能移，威武不能屈：
cǐ zhī wèi dà zhàng fū.
此之谓大丈夫。

今译：富贵不能使他迷惑，贫贱不能使他变节，威武不能使他屈服：这就是所说的大丈夫。

英译： He cannot be led into excesses when wealthy and respected, nor swayed from his purpose when poor and obscure, nor can he be made to bow before superior force. This is what I would call a great man.

解析：大丈夫，是一个大写的人，一个顶天立地的人，一个具有品德、操守、气节的高尚的人，是不受富贵、贫贱、威势和武力所左右，宠辱不惊、从容而坚毅的人。这样的人是脱离了低俗趣味而具有崇高精神世界的人。

问题：①你认为什么样的人可以被称为大丈夫？女人可以吗？为什么？
②当今世界中存在大丈夫吗？为什么？有怎样的表现？

39.

dà rén zhě, bù shī qí chì zǐ zhī xīn zhě yě.

大人者，不失其赤子之心者也。

今译： 伟大的人不失心地纯真。

英译： A great man still preserves the pureness and innocence of a child.

解析： 真正伟大的人，并不是没有七情六欲的人，而是内心纯洁真挚，不遮掩、不造作，心胸坦荡、爱憎分明。"无情未必真豪杰，恋子如何不丈夫"是同样的道理。

问题： ①请举出一些你认为真正伟大的人以及他们的事迹。
②在你的国家，有怎样的语句来形容伟大的人？

忠孝仁義

孟子名言精选

40.

jūn zǐ yǐ rén cún xīn, yǐ lǐ cún xīn.
君子以仁存心，以礼存心。

今译：君子用仁来检查自己，用礼来检查自己。

英译： A gentleman keeps his conscience by means of benevolence and the rites.

解析：中国传统道德讲求"仁、义、礼、智、信"，"仁"和"礼"是重要部分。作为品德高尚的君子自然将"仁"和"礼"牢记在心，时时反省、约束和要求自己，不断自我完善。也正因为如此，君子行为端正、心地仁慈。

问题： ①你作自我反省吗？在什么情况下？
②你愿意成为君子吗？为什么？

41.

jūn zǐ bú yuàn tiān, bù yóu rén.
君子不怨天，不尤人。

今译：君子不抱怨天，不责怪别人。

英译： A gentleman doesn't complain about destiny nor blame anyone but himself.

解析：品德高尚的人多自省，遇事并不推卸责任，看问题不是强调客观因素和他人因素，而是多从自身的主观因素上寻找不足，这样，个人修养德行才能不断提高。"怨天尤人"是将不如意的事一味归咎于客观，这不是君子的作风。

问题：①你认为人们为什么会"怨天尤人"？什么样的人更会"怨天尤人"？
②对照自己，你是不是经常"怨天尤人"？你周围的人呢？

42.

jūn zǐ zhī zhì yú dào yě, bù chéng zhāng bù dá.
君子之志于道也，不成章不达。

今译：君子的志向是探求世间真理，不慢慢积累就不能获得成功。

英译：A gentleman aims at the truth and will not achieve it if he doesn't proceed in an orderly way.

解析：做君子，探求世间真理，不是一蹴而就的，要日积月累才能达到目标。这种积累需要有恒心、毅力、细致和执着的精神。这里，孟子对一个品德高尚者的志向、目标及其实现方法提出了高要求。

问题：①你的志向是什么？
②你觉得依靠怎样的行为和精神才能实现你的志向？

43.

jūn zǐ yǐn ér bù fā, yuè rú yě; zhōng dào ér lì, néng zhě cóng zhī.
君子引而不发，跃如也；中道而立，能者从之。

今译： 君子教人如教射，拉弓而不发箭，做出跃跃欲试的姿势来引导学习者；君子教人，不难不易，站在中"道"引导他人，有能力的人都能跟上他。

英译： A gentleman draws a bow but doesn't shoot so as to give a vivid manifestation for others. In this way, all the capable men will follow him.

解析： 孟子认为君子是这样的人，他能够在社会中以身作则、生动示范，引导志同道合的人共同追求道德的高尚。他起到一个活生生的道德标杆和领袖的作用。

问题： 在当今社会中，请举出可作为标杆和领袖的人，并具体叙述他的事迹。

44.

rén zhě ài rén, yǒu lǐ zhě jìng rén;
仁者爱人，有礼者敬人；
ài rén zhě rén héng ài zhī, jìng rén zhě rén héng jìng zhī.
爱人者人恒爱之，敬人者人恒敬之。

今译： 仁者爱他人，有礼者尊敬他人；爱人者别人永久地爱他，敬人者别人永久地尊敬他。

英译： The benevolent loves others and is loved by all forever. The courteous respects others and always enjoys the respect from others.

解析： "仁、义、礼、智、信"和"温、良、恭、俭、让"是中国传统道德所提倡的基本准则。那么，具备良好道德、关爱他人、尊敬他人的人，必定得到同样而且永久的回报，从这个意义上来说，讲求"仁"和"礼"是富有价值、意义深远的。

问题： ①请谈谈"仁"和"礼"在人际关系中的作用和影响。
②"上帝"、"佛"能不能称为"仁者"？请谈谈他们对人们的影响，以及人们对他们的感情。

孟子名言精选

45.

wǒ zhī yán, wǒ shàn yǎng wú hào rán zhī qì.
我知言，我善养吾浩然之气。

今译：我能领会别人的言语，我善于培养自己的浩然之气。

英译：I'm capable of comprehending others. I'm good at fostering a noble spirit.

解析：这是孟子对自己的评价，充满自信和肯定。以对自己的体察与了解，孟子肯定了自己的能力和气度。一个不了解自我、缺乏自信和胸襟的人是成不了大家的。谦虚是应该的，自我肯定也是必需的。

问题：①请给予自己一个评价。
②人能够做到自我了解吗？为什么？
③请谈谈谦虚和自信的关系（程度与表现）。

46.

kǎo qí shàn bú shàn zhě, qǐ yǒu tā zāi? yú jǐ qǔ zhī ér yǐ yǐ.

考其善不善者，岂有他哉？于己取之而已矣。

今译：考察某人是好是坏，没有别的，就看这个人的取舍。

英译：There is no other standard to judge whether a man is good or not but by his own choice.

解析：人与人的不同，就体现在他的取舍上。有那么一个园艺师，他喜欢在他的园子里种上各种美丽的花朵，另外一个园艺师，则喜欢看他的园子里长满杂草，两个园艺师，谁好谁不好，不言自明。选择不同就会决定他是一个怎样的人，有人更关心自己的道德修养，他就可能成为一个君子。

问题：①请谈谈，在现代商业、信息社会，事物好坏的标准是如何确立的？
②如果事物好坏的标准具有强烈的主观色彩，那么人们在社会生活中的行为会不会陷入无所适从呢？为什么？道德标准如何确立？谈谈民主与道德。

孟子名言精选

47.

tǐ yǒu guì jiàn, yǒu xiǎo dà; wú yǐ xiǎo hài dà, wú yǐ jiàn hài guì.
体有贵贱，有小大；无以小害大，无以贱害贵。

今译：身体有很多部分，有心、志这些尊贵而大的、体现精神的部分，也有口、腹这些卑贱而小的、体现物欲的部分。不要因小失大，不要因低级的欲望损害了高贵的修养。

英译： Every part of one's body bears either noble and great spirit or humble and petty desire. Don't lose the spirit for the sake of desire. Don't ignore the cultivation of nobleness for the sake of the indulgence in humbleness.

解析：任何人都有低层次的物质欲望和高层次的精神需求。不能因为贪图物欲而损害了精神与道德的修养。只注重低级需求，人就会丧失良心、自尊与人格，迷失方向。因此，满足基本需求的同时，应培养高贵的品德。

问题：①在中国，"衣食住行"、"柴米油盐酱醋茶"、"食色，性也"表示基本的、物质的需求，在你的国家，有怎样的说法？
②某些人(诸如官员)因为物欲而犯罪，请用孟子的格言来分析这种现象。

48.

yǎng qí xiǎo zhě wéi xiǎo rén, yǎng qí dà zhě wéi dà rén.
养其小者为小人，养其大者为大人。

今译： 只注意满足低层次欲望的是小人，进行心志修养的是君子。

英译： One who only meets his humble and petty desires is a mean man; one who cultivates a high spirit is a noble man.

解析： 这是从物质和精神角度对人进行的一种分类。人分两种，高尚与卑微，或者说，精神的人与物质的人。追求精神道德修养者是君子、高尚的人；追求低层次物质满足者是小人、卑微的人。

问题： ①你怎么看待高尚的人与卑微的人？
②有人说，现代社会，物欲横流，你赞同吗？会不会影响人们的精神道德修养？

49.

yú wǒ xīn yǒu qī qī yān.
于我心有戚戚焉。

今译： 在我心中产生了共鸣。

英译： Once in a while something strikes a sympathetic chord in my heart.

解析： 在精神与感情上产生了共鸣，就用此语，表达一种找到同类、同志、同好、心意相通的欣悦感受。意见、观点、思想、情绪、态度、感受上，都可以"于我心有戚戚焉"。

问题： ①你有过"于我心有戚戚焉"的感受吗？请谈谈。
② "于我心有戚戚焉"会带来怎样的结果和影响？

50.

bù xié zhǎng, bù xié guì, bù xié xiōng dì ér yǒu.
不挟长，不挟贵，不挟兄弟而友。

今译： 不依靠年龄大、地位高、兄弟的势力去和人交朋友。

英译： To make friends, one shouldn't count on senior age, high social position or powerful connections.

解析： 孟子提出交友之道：朋友之间以平等维系，不掺杂年龄、地位、势力的优越成分。中国又有俗语"君子之交淡如水"，指具有修养的人之间的交情不夹杂利益，平淡如水。这与"狐朋狗友"之间的不良来往完全相反。"没有永远的朋友，只有永远的利益"指现代社会中朋友之情的脆弱以及利益至上的原则。

问题： ①你认为，朋友的含义是什么？朋友之间应是怎样的关系？
②请谈谈"朋友"与"利益"的关系。

51.

gǔ zhī jūn zǐ, qí guò yě, rú rì yuè zhī shí, mín jiē jiàn zhī;
古之君子，其过也，如日月之食，民皆见之；
jí qí gēng yě, mín jiē yǎng zhī.
及其更也，民皆仰之。

今译：古代的君子，不掩饰自己的过失，他犯了错如同日食、月食，民众都看得见；等到改正过错，民众都尊敬他。

英译：The gentleman of ancient times doesn't try to cover up his errors, which are like the solar and lunar eclipses being watched by the common people. When he corrects his errors, the common people look up to him in respect.

解析：人无完人，人人都会犯错，知错必改，就会得到人们真正的尊敬。古代品德高尚的人不自以为是、不怨天尤人，有勇气不掩饰自己的过失而且公开改正，普通人还有什么可为难的呢？

问题：①中国人讲究面子，谈谈面子因素在改正错误中的影响。
②有自以为是的人，有怨天尤人的人，有勇于认错、知错就改的人，请举例谈谈这三种人。

52.

jūn zǐ yǒu sān lè, ér wàng tiān xià bù yǔ cún yān.
君子有三乐，而王天下不与存焉。
fù mǔ jù cún, xiōng dì wú gù, yí lè yě;
父母俱存，兄弟无故，一乐也；
yǎng bú kuì yú tiān, fǔ bú zuò yú rén, èr lè yě;
仰不愧于天，俯不怍于人，二乐也；
dé tiān xià yīng cái ér jiào yù zhī, sān lè yě.
得天下英才而教育之，三乐也。

今译：君子有三大快乐，称王天下不在其中。父母健在，
兄弟平安，这是第一大快乐；上不愧对于天，下不愧对
于人，这是第二大快乐；得到天下优秀的人才进行教育，
这是第三大快乐。

英译： For a gentleman, there are three great pleasures
without being a king: First, his parents enjoy good health
and his brothers live safe and sound; second, he doesn't
feel ashamed up to the heaven and down to the people;
third, he can convoke and educate the talented students of
the country.

解析：品德高尚的人拥有的三大乐事，不在于权倾天下，
而是家庭平安、内心平静、培养人才。这是真情实感、朴
实自然、恪守本分与职责的快乐，这样的快乐才能够持
久。

问题：①你有没有三大乐事？试谈谈。
②由君子的三乐，不同的人会有不同或者相同的乐事，
你从中可得出什么样的结论？

53.

zì bào zhě, bù kě yǔ yǒu yán yě; zì qì zhě, bù kě yǔ yǒu wéi yě.

自暴者，不可与有言也；自弃者，不可与有为也。

今译：自己损害自己的人，和他没有什么可说的；自己抛弃自己的人，和他没有什么可做的。

英译：We have nothing to do with the person who has given up hope on himself.

解析：这里谈到对于"自暴自弃"的人应持的态度。对于这种不求上进的人，言行都是多余、无用、浪费的。同时，也没有与之相处的必要，否则，"近朱者赤，近墨者黑"，反而会受到不良影响。

问题：①人在什么情况下会"自暴自弃"？
②对于"自暴自弃"的人，你觉得有挽救的可能吗？为什么？

学问
Way of Learning

54.

jìn xìn shū, zé bù rú wú shū.
尽信书，则不如无书。

今译： 完全地相信书中的内容，不如没有书。

英译： Accepting all that is written in books is worse than having no books to read.

解析： 人如果一味遵循书上的教条，缺乏分析、判断，就会陷入迂腐、盲从，这不是一个治学、求知的正确态度。与其这样，不如不看书。培养和提高一个人自我观察、分析和判断的能力才是最重要的。

问题： ①无论是经典的还是现代的书，内容包罗万象，你觉得怎样才能提高分析判断能力呢？
②现在是信息爆炸的时代，寻找所需要的信息并甄别真伪都是一件不容易的事，你有什么好办法吗？

55.

rén zhī huàn zài hào wéi rén shī.
人之患在好为人师。

今译：人的毛病在于喜欢当别人的老师。

英译：It is a defect of humans to be eager to give others instructions.

解析：这是人性的一个弱点，自以为是、不够谦虚，要显得比别人高明，反而容易止步不前，显得浅薄。只有谦虚谨慎，不断寻找自己的不足，才会获得进步和提高。好为人师的人，热情有余，不足的是自知之明，而且有可能带人误入歧途。

问题：①你觉得好为人师的人有没有可取之处？是什么？
②当今社会，有好为人师的人吗？他们有什么具体表现？当今社会，人人关注自我，人际关系疏离，在这个意义上，我们是不是反而需要一点好为人师的品质？

56.

xué wèn zhī dào wú tā, qiú qí fàng xīn ér yǐ yǐ.
学问之道无他，求其放心而已矣。

今译： 学问的道理没有别的，不过就是用心去学罢了。

英译： The truth of learning is nothing but set one's mind completely on it.

解析： 求知、治学的根本就是要用心，一心一意、全心全意，这样才能学问有成。"心无旁骛"、"专心致志"说的都是用心专一的道理。

问题： ①这个道理简单易懂，做起来并不容易，你有什么体会吗？
②你能讲述一个用心的故事吗？

57.

xīn zhī guān zé sī, sī zé dé zhī, bù sī zé bù dé yě.
心之官则思，思则得之，不思则不得也。

今译：心脑的功能是思考，思考才能有收获，不思考就没有收获。

英译：The function of brain is to think. One makes progress by thinking, but comes to a standstill without thinking.

解析：人生来有脑，脑的功能就是思考，进行思考的功能锻炼，人脑才不至于退化。思考才能满足需求、获得意义。这是一个很明白的道理。不少现代人却懒于思考，现代科技创造出许多现成的、简单易行的事物，人们从众从简，觉得世界上没有那么多思考的必要。很多事物，古往今来的思想家、学问家已经作过思考，已有结论或无法定论，留给后人的还有多少思考的余地？

问题：①你对于思考的必要性怎么看？
②对于不少现代人懒于思考的情况，你有什么看法？

58.

bó xué ér xiáng shuō zhī, jiāng yǐ fǎn shuō yuē yě.
博学而详说之，将以反说约也。

今译：广泛地学习，详细地解释，目的在于融会贯通后回到简约。

英译：The aim of extensive learning and exhaustive study is to explain things concisely.

解析：复杂的解释一般说明还没有通晓道理，回归简约就是回归事物的根本，由繁入简，才算是抓住了事物的本质。掌握本质，才能做到触类旁通、融会贯通，这是做学问的道理。

问题：①"繁华落尽，回归简约"，这个道理，你觉得还适用于哪些方面？（比如：科技、时尚、设计等简约主义）②大道通俗、大道易行，跟"博学而详说之，将以反说约也"有怎样的关系？

59.

yán jìn ér zhǐ yuǎn zhě, shàn yán yě.
言近而旨远者，善言也。

今译：语言浅近、意义深远的是好言辞。

英译：Good speech is composed of simple language but with profound significance.

解析：孟子提出好言辞的一个标准是通俗易懂、含义深远。这让我们重新思考，应该如何说话。说话容易，说得好则不仅需要训练，还需要知识经验的积累以及思考的深度。

问题：①请举例说明"善言"。
②你有没有自己创造的好言辞？是什么？

60.

shì bàn gǔ zhī rén, gōng bì bèi zhī.

事半古之人，功必倍之。

今译：工作仅需古人的一半，功效却是古人的一倍。

英译：One makes only half the effort as the ancients did but gets twice the output.

解析：孟子提出"事半功倍"，运用有效的方式方法，不仅节约了劳动力，而且收到的成效大。这里指出做事方法、良好创意的重要性。"事半功倍"是方法论的胜利。与之相类的还有"磨刀不误砍柴工"、"工欲善其事，必先利其器"。与之相反的称为"事倍功半"。

问题：①请谈谈"事半功倍"、"事倍功半"的经历。
②方法、创意的重要性还表现在哪些方面？

61.

zhì, pì zé qiǎo yě; shèng, pì zé lì yě.
智，譬则巧也；圣，譬则力也。

今译：智慧如技巧，圣德如力量。

英译：In doing things, we take wisdom as skill and virtue as strength. (When shooting at a target from 100 steps away, you need only strength to have the arrow reach the target, while you need skill other than strength to have the arrow hit the bull's-eye.)

解析：孟子以射箭的比喻来说明成功必须依靠双重因素，那就是智慧和德行。比如从百步之外射箭：到达靶子，这是你的力量；射中靶心，不是只靠力量，还需要技巧。智慧是成事的技巧方法，德行是成事的推动力量，两方面相辅相成，缺一不可，最终实现目标。

问题：①请谈谈智慧和德行缺一而不成功的事例。
②请谈谈智慧和德行二者虽然缺了一个，但成功了的事例，并说明为什么能够成功？

孟子名言精选

62.

yì zhī wéi shù, xiǎo shù yě; bù zhuān xīn zhì zhì, zé bù dé yě.
弈之为数，小数也；不专心致志，则不得也。

今译：围棋不过是小技术，如果不专心致志，也学不会。

英译：Although playing *Weiqi*° requires only petty skills, one won't master it if he doesn't thoroughly concentrate his mind on it.

解析：这里强调专心致志的重要性，不专心的话，即使是小技术也不能掌握，更不必说大学问了。"三心二意"、"一心二用"不利于深入钻研，当然就无法学有所得。

问题：①专心致志不仅适用于掌握技能，还适用于哪些方面？
②谈谈你对专心致志的体会。

○ A Chinese chess game played with black and white pieces on a board of 361 crosses, also known as Go.

63.

kǒu zhī yú wèi yě, yǒu tóng qí yān;
口之于味也，有同耆焉；
ěr zhī yú shēng yě, yǒu tóng tīng yān;
耳之于声也，有同听焉；
mù zhī yú sè yě, yǒu tóng měi yān.
目之于色也，有同美焉。

今译：在对客观事物的好坏美丑的认识和选择上，人们的味觉、听觉、视觉都有相同的标准。

英译：People share similar standards in determining if a taste is agreeable to the mouth, a sound to the ears, and a sight to the eyes.

解析：这里谈到人类基于共性而形成普遍性的标准。在味觉、听觉、视觉感官上，人们对于事物的感知和选择趋同，审美标准有共同倾向。这是一种大众化的、共性的感受与认知，能够形成潮流和共鸣。

问题：①请举例说明，基于味觉、听觉、视觉共性的一些普遍性标准。
②请谈谈审美共性标准的社会价值。

64.

lǐ、yì zhī yuè wǒ xīn, yóu chú huàn zhī yuè wǒ kǒu.
理、义之悦我心，犹刍豢之悦我口。

今译：真理和道义使我内心快乐，如同牛肉、羊肉、猪肉一样美味可口。

英译：Truth and justice make me happy just as the delicious beef, mutton and pork give me good appetite.

解析：在探求真理和道义的过程中，内心获得愉悦享受，如同品尝美味，口中获得美好感觉。因此，对于孟子等热爱真理和道义的人来说，求知探索的过程是一个身心愉悦的过程。完满的人能获得从口腹到精神需求的双重满足。

问题：①谈谈你在精神探索过程中的种种感受。
②对于一个人来说，在现代社会，如何良好地平衡精神需求和物质需求？

65.

shù bù kě bú shèn yě.
术不可不慎也。

今译：一个人选择谋生手段不可以不谨慎。

英译：One shouldn't be imprudent in choosing his means of life.

解析：选择谋生手段需谨慎。因为，从物质角度来说，它是一个人长期的经济和生活保障；从精神角度来说，它直接关系到个人的精神修养和生活状态。这个选择一旦确立，对于个人的影响与作用将宽广而深远。即便日后再作重新选择，它造成的影响仍然会存在。

问题：①择业需谨慎，那么，如何才能选择到一个良好、合适的职业呢？（比如说，需要具有发展的眼光、智慧的头脑、对自我的明确合适的定位、丰富的信息资源……）②现代社会，择业并不终身，跳槽常常发生。为了积累经历，为了更好的发展，人们可以不断选择并对自己重新定位。在这种情况下，你怎么看"术不可不慎也"？

孟子名言精选

66.

zhī zhě wú bù zhī yě, dāng wù zhī wéi jí.
知者无不知也，当务之为急。

今译：智慧的人没有什么不知道的，而且首先解决当前事务。

英译：A wise man knows all but deals with the most urgent matters first.

解析：真正的智者，不但对于事物全盘掌握，而且善于分清事物的轻重缓急，首先解决"当务之急"——当前的主要矛盾和问题。掌控能力和应急能力是智者应当具备的品格。

问题：①用事例说明，哪些人是智者？
②你认为真正的智者还需要具备哪些重要能力？

政道
Way of Administration

67.

mín wéi guì, shè jì cì zhī, jūn wéi qīng.
民为贵，社稷次之，君为轻。

今译：人民是最宝贵的，国家是次要的，君主无足轻重。

英译：The people are the most important, the state is the second, and the monarch is the least important.

解析：这是孟子重要的民本思想。将统治者的地位看作无足轻重，认识到人民力量的强大和人民对于一个国家的重要性，在当时直至现在都具有进步意义。这一语道出社会存在的本质与真理。古往今来，朝代更迭，历史上推翻还是拥戴一个政权，都是人民大众的选择与决定。

问题：①中国还有"民心向背"、"民能载舟，亦能覆舟"等格言来说明人民力量的影响与意义，在你的国家有什么样的说法？
②对于是人民大众还是精英个人在历史进程中具有决定性的推动作用，历史学家有不同的看法，你怎么看？

68.

mín shì bù kě huǎn.
民事不可缓。

今译：人民的事情不可怠慢。

英译：The affairs of the people shouldn't be neglected.

解析：必须倾听民众的呼声，以人民为重，不可忽视民众的力量，这是统治者、领导者应当遵循的。政权的巩固、国家的稳定发展，离不开民众的支持和同心协力的建设。

问题：①举例说明，不尊重民意是否会导致政府信任度下降甚至陷入危机？
②如果某政府几乎成为各大财团、大垄断组织、大跨国公司的代办及代言人，你认为，这个政府代表人民的意志吗？这个政府继续存在的原因是什么？并讨论它的未来走向。

69.

guǎ gù bù kě yǐ dí zhòng, ruò gù bù kě yǐ dí qiáng.
寡固不可以敌众，弱固不可以敌强。

今译: 人口稀少的国家当然不可以对抗人口众多的国家，弱国当然不可以对抗强国。

英译: A sparsely populated state couldn't withstand against the one with a large population. A weak state couldn't confront a strong one.

解析: "寡不敌众，弱不敌强"，这是显而易见的道理。因此，每个国家都想成为强国。加强国家实力，不仅体现在寡众的数量上，而且体现在质量上。执政者必须数量战略和质量战略两手抓，发展生产和提高科技含量并举。

问题: ①弱者在当今世界如何生存？
②请从世界范围谈谈强国战略。

70.

guó jūn hào rén, tiān xià wú dí yān.
国君好仁，天下无敌焉。

今译：一国的君主如果喜爱仁德，整个天下就不会有敌手。

英译：A monarch who values benevolence is invincible.

解析：一国执政者奉行仁德，提倡、宣扬并播撒仁爱于人民，以仁爱政策治理国家，那么，他将获得民心支持，天下无敌。这是孟子重要的仁政主张。

问题：①你认为当今世界，仅有仁政足以治理一个国家吗？为什么？
②请举例谈谈，专制君主是如何治理国家的？结果如何？就专制与仁政进行分析。

71.

jūn rén, mò bù rén; jūn yì, mò bú yì; jūn zhèng, mò bú zhèng.
君仁，莫不仁；君义，莫不义；君正，莫不正。

今译：君主仁，没有人不仁；君主义，没有人不义；君主正，没有人不正。

英译：No one is vicious if the monarch is upright.

解析：作为一国之君，对于自己的子民必须起到良好的表率作用，以品德高尚、行为正直无形中确立社会规范，引导国家良性发展。这对于当今世界的执政者也有积极的警戒作用。俗话说"上梁不正下梁歪"就是这个道理。

问题：①政府部门为什么要清除腐败堕落的高官？
②执政者中，有清廉为民的，有贪污腐化的，请说说他们的故事。

72.

tiān zǐ bù rén, bù bǎo sì hǎi; zhū hóu bù rén, bù bǎo shè jì;
天子不仁，不保四海；诸侯不仁，不保社稷；
qīng dà fū bù rén, bù bǎo zōng miào; shì shù rén bù rén, bù bǎo sì tǐ.
卿大夫不仁，不保宗庙；士庶人不仁，不保四体。

今译： 天子不行仁政，就保不住他的天下；诸侯不行仁政，就保不住他的国家；卿大夫不行仁义，就保不住他的宗庙；一般的老百姓不行仁义，就保不住自己的身体。

英译： An emperor without benevolence will lose his country. A prince without benevolence will lose his territory. A minister without benevolence will lose his ancestral temple. And a civilian without benevolence will lose his life.

解析： 孟子在此强调了"仁"的重要意义。自上而下，不管是权贵阶层，还是平民百姓，如果没有仁爱之心，行为不仁不义，就会失去最重要、最宝贵的东西。仁德在，无所不在。

问题： ①就你个人而言，如果"不仁"，就会"不保"什么？
②在我们现在所处的世界，"仁"是怎么体现的？

73.

yǐ dé fú rén zhě, zhōng xīn yuè ér chéng fú yě.
以德服人者，中心悦而诚服也。

今译：依靠道德使人顺服，人家才会心中高兴，真心顺服。

英译：Men submit willingly to a supremacy of virtue with joy in mind.

解析：武力、霸道、权势、声名、地位、财富都不可能使人真正诚心归顺，因为带有强制性、强迫感，对人构成压迫，而且造成事实上的不平等、内心失衡。"以德服人，心悦诚服"，从精神道德上使人具有归属感、认同感，才是真心实意的顺服。征服欲是人的一个本性，怎样更好地征服别人，孟子在此提出了良策。

问题：①从儿童游戏到成人世界，从个人到国家，都不乏征服欲的行为与表现，请谈谈征服欲存在的自然与社会基础。
②以历史事件为例，说明"以德服人"。

74.

yǐ tiān xià yǔ rén yì, wèi tiān xià dé rén nán.
以天下与人易，为天下得人难。

今译：把天下让给别人是容易的，为天下找到人才却很难。

英译： It's easier to give up managing the state than to find talented people to administer it.

解析：依靠政治军事力量、计谋战略的成功，能够得到天下，但是，治理天下、建设国家是一项长期而艰巨的工作。治国人才难得，所谓"千里马常有，而伯乐不常有"，说明作为"千里马"的人才需要具有慧眼的"伯乐"善于发现，方能脱颖而出。俗话说"打江山容易，坐江山难"，与此同理。

问题：①治理国家难在哪些方面？为什么人才难得？
②请谈谈在历史上"坐江山"成功和失败的案例。

孟子名言精选

75.

guì dé ér zūn shì, xián zhě zài wèi, néng zhě zài zhí.
贵德而尊士，贤者在位，能者在职。

今译：以德为贵，尊重读书人，使有贤德的人处在当政的位子上，有才能的人担任适宜的职务。

英译：Virtues are valued and scholars are respected. The virtuous are placed in suitable official posts, and the able man has the place to exercise his abilities.

解析：治理国家需要依靠德行和智慧，需要依靠有德贤人和有才能人。因此，国君推崇德行和知识才能，选拔有贤德的人和有才能的人承担国家重要职位，担负起治理国家的责任，这是利国利民的上善之举。

问题：①尊重知识、尊重人才是发展国家的战略，请谈谈它的意义。
②在当今中国，选拔干部要德才兼备，谈谈你的看法。

76.

lǎo wú lǎo, yǐ jí rén zhī lǎo; yòu wú yòu, yǐ jí rén zhī yòu;
老吾老，以及人之老；幼吾幼，以及人之幼；
tiān xià kě yùn yú zhǎng.
天下可运于掌。

今译：尊敬自己的老人，而又尊敬别人的老人；爱护自己的孩子，并且也爱护别人的孩子；天下就好像运转于手掌上一样容易治理。

英译： If everyone respects his own and then others' elders, loves his own and then others' children, it is as easy to run a state as to move balls in a hand.

解析：尊老爱幼是中国的传统美德，这不是狭义上的、家庭范围内的，而是广义上的、社会范围内的尊重赡养老人、照顾关爱孩子。人生两头，一老一小，把对于老老小小的真情关爱播及社会，世间存在美好温情，以德治国，这个国家当然容易治理。

问题：①请举例谈谈世间温情。
②有观点认为，现代社会，人情冷漠，你认为是什么原因？你认同这个观点吗？

77.

gǔ zhī rén yǔ mín xié lè, gù néng lè yě.
古之人与民偕乐，故能乐也。

今译：古代的贤人与民同乐，所以能觉得快乐。

英译：The virtuous men of ancient times enjoyed true happiness because they shared their pleasure with the people.

解析：贤人不是沉浸在私己的、个人的小乐趣中，而是将民众的欢乐作为自己的快乐来源，与人民分享快乐，这样的快乐更深广、更持久、更具有分量和意义，这样的快乐是成倍的。

问题：①你觉得什么是真正的快乐？
②有观点认为，现代人失去了快乐的能力，你觉得原因是什么？

78.

lè mín zhī lè zhě, mín yì lè qí lè;
乐民之乐者，民亦乐其乐；
yōu mín zhī yōu zhě, mín yì yōu qí yōu;
忧民之忧者，民亦忧其忧；
lè yǐ tiān xià, yōu yǐ tiān xià, rán ér bú wàng zhě, wèi zhī yǒu yě.
乐以天下，忧以天下，然而不王者，未之有也。

今译：以人民的快乐为乐的人，人民也以他的快乐为乐；以人民的忧虑为忧的人，人民也以他的忧虑为忧；因天下人的乐而乐，因天下人的忧而忧：这样而不称王天下的，从来没有。

英译： If one delights in the people's happiness, the people will delight in his in return; if one worries about their sufferings, they will be worried about his again. There is never a case in history that a man who bore the joy and sorrow of all the people in heart didn't become the ruler of the state.

解析：与人民同甘共苦、同呼吸共命运，与人民感同身受的人，必将成为人民拥戴的领袖，因为他体察民情、了解民意、为民做主、深得民心。这样的人是圣德明君。

问题：①请谈谈历史上的明君。
②优秀的领导者是"从人民中来，又回到人民中去"，你觉得对不对，为什么？

79.

dé tiān xià yǒu dào: dé qí mín, sī dé tiān xià yǐ.
得天下有道：得其民，斯得天下矣。
dé qí mín yǒu dào: dé qí xīn, sī dé mín yǐ.
得其民有道：得其心，斯得民矣。

今译：得到天下有方法：得到人民就得到了天下。得到人民有方法：得到民心就得到了人民。

英译：Take the world by winning over the people. Win over the people by charming their hearts.

解析：对于期望成就伟业、霸业的英雄豪杰来说，成功获得天下的途径就是争取民心。以德服人，实施仁爱，便能得到民心。直至今日，人民的意志也是决定一个国家成败与走向的关键因素。

问题：①当今社会，民意调查、全民公投都体现了人民意志，请举例说明还有哪些形式能体现出人民意志？②你觉得在当前社会，怎样能够获得民心？

孟子名言精选

80.

fù zǐ yǒu qīn, jūn chén yǒu yì, fū fù yǒu bié,
父子有亲，君臣有义，夫妇有别，
zhǎng yòu yǒu xù, péng yǒu yǒu xìn.
长幼有叙，朋友有信。

今译： 父子间有亲爱，君臣间有义务，夫妇间有内外分工，长幼间有次序，朋友间有信用。

英译： Good ethics of a society are: affection between the father and the son, obligation between the monarch and the liege, division of outdoor and indoor work between the husband and the wife, order between the elder and the younger, and faith among friends.

解析： 孟子在此中肯地提出世间应当具备的伦理道德，朴素而和谐的人际关系形态。家庭中的父子、夫妇间，社会中的君臣、朋友间，人人遵循伦理道德，共同建设一个美好世界。这对于我们今天仍有教益。

问题： ①请谈谈朴素伦理道德的作用和意义。
②你觉得，在当今社会，伦理道德中还有哪些需要发展和改变的吗？

81.

láo xīn zhě zhì rén, láo lì zhě zhì yú rén.
劳心者治人，劳力者治于人。

今译： 脑力劳动者作为统治者管理他人，体力劳动者受到他人的管理统治。

英译： Those who work with their brains rule and those who work with their brawn are ruled.

解析： 这代表了孟子的阶级性思想：社会分等级并存在阶级差异，上层阶级是脑力劳动者、思想精英、权力阶层，下层阶级是体力劳动者、无产者、为上层阶级服务的弱势群体，整个社会的管理结构就是以上治下。当今中国社会也存在草根阶层、中产阶级和精英阶层的说法。

问题： ①我们倡导"人人平等"、"人人自主"、"人人都是国家的主人"，你觉得实现了吗？能够实现吗？为什么？请谈谈平等的含义和意义。
②不同政府、不同国家的执政者、领导者常宣称"我们是人民的公仆"，你认为他们做到了吗？请举例谈谈。

图书在版编目（CIP）数据

孟子子名言精选 / 王天星编译. —上海：上海外语
教育出版社，2008
孔子学院适用教材
ISBN 978-7-5446-1040-7

Ⅰ.孟… Ⅱ.王… Ⅲ.孟轲（前390～前305）—语录
—对外汉语教学—教材 Ⅳ. H195.4 B222.5

中国版本图书馆CIP数据核字（2008）第135745号

出版发行：上海外语教育出版社
　　　　　（上海外国语大学内） 邮编：200083
电　　话：021-65425300（总机）
电子邮箱：bookinfo@sflep.com.cn
网　　址：http://www.sflep.com.cn http://www.sflep.com
责任编辑：梁瀚杰

印　　刷：上海图宇印刷有限公司
经　　销：新华书店上海发行所
开　　本：787×1092　1/32　印张5.5　字数73千字
版　　次：2008年9月第1版　2008年9月第1次印刷
印　　数：3 100 册

书　　号：ISBN 978-7-5446-1040-7 / G · 0490
定　　价：22.00 元（附MP3光盘）
　　　　　本版图书如有印装质量问题，可向本社调换